JN437712

마음속으로

책만드는집

| 시인의 말 |

다섯 번째 시집이다.
다섯 번의 부끄러움을 감수한다.

나무와 풀과 바람과 꽃.
그동안 내게 와 닿은 수많은 속삭임이
거친 숨결 되어 귓속을 간지럽힌다.
하나하나 가슴에 새기기도 전
파랑새 되어 멀리멀리 날아간다.

꿈이었고 자유였을까?
수많은 언어의 새 떼들,
허물어져 살아온 시간들이 길다.

그 무엇이 나를 이곳에 세웠을까.
그 물음 하나 앞에 두고 부끄러운 시집을 엮는다.

2019년 2월
박각순

| 차례 |

2부

3부

4부

1부

들녘

찬 바람이 휭
휩쓸고 지나가는
삭막한 들녘
허수아비 저고리 바람 빠지듯
소리 없는 흔들림

다시는 오지 않을 봄이 온다 해도
땅의 기력이 다 소진된
빙하의 사막

어두운 그림자가 하늘을 가리고
별빛조차 숨어버린
텅 빈 그곳에
회백의 손끝에서
다시 태어나라는 걸까
하얀 눈이 대지를 덮는다

풀잎은 흔들린다

흔들리지 않는 것은
풀잎이 아니다
풀잎은 늘 흔들린다
흔들리며 서로 다정하게
이웃과 기대어 산다

아무도 건들지 않으면
새벽이슬 받아 이웃과 나눠 먹고
큰 나무 곁에 가지 않고
조그만 바람에도
제 몸 흔들어 춤을 추며
서로 엉켜 있는 뿌리들
부둥켜안고 빰을 비빈다

가을

매화의 은은한 향기를
보지도 듣지도 못하고
하늘의 구름을 엮어 떨어지는 빗줄기에
젖어보지도 못하고
오는 건지 가는 건지 알 수 없는 시간들

문득 대추가 익어
아, 가을이구나
네가 벌써 가을이구나
가을은 짧고 겨울이 눈앞인데

눈을 부릅뜨고 사방을 둘러봐도
저 넓은 들녘엔 잡초만 듬성듬성 있을 뿐

이 넓은 땅을
나는 가을이 되어서야 본다
텅 빈 들을 하얀 서리가 덮는다

겨울 햇살

모질게 불어대던 바람도
힘에 겨웠는지 쉬러 가고
따스한 햇살이
병아리 제 어미 품속 들듯
가슴에 파고든다

아파트 양지쪽에 졸고 있는 차를 깨워
음악 소리 드높이자
여자만汝自灣의 부서지는 은빛 파도
깔따구 놈도 기분 좋은지
펄떡펄떡 뛰어오르고
갯벌은 게들의 왈츠 무대다

부드럽게 펼쳐놓은
겨울 햇살이
밝은 빛으로 길을 열고 있다

지금은 겨울이다

올 때는
늦잠을 자다가 겨우 일어나
눈 비비며 뜨거운 기운 이불 속에 묻어놓고
비실비실 올라와서
옷깃을 여미며
빠르게 어두운 방구들로 사라진다

그토록 뜨거운 태양도
계설 앞에서는 비실낸나
어디 태양뿐이랴

하늘 높은 줄 모르고 오르던
비행선 만찬장의 고객들
늦가을 낙엽 되어
겨울 찬 바람에 여기저기 굴러다닌다

지금은 겨울이다

별들도 잠든 밤에

어둠이 산하를 덮고
별들이 하나씩 얼굴을 내밀 때
머물 곳 찾아 헤매는 나그네
깊은 산 절간 마루에 걸터앉아
폐 속 깊이 박혀 있는 시름을 쏟아낸다

밤새 놀던 별들도
지쳤는지 소리 없이 잠자러 가고
그토록 애절하게 구걸하던 나도
찌그러진 빈 깡통 되어
새벽이슬 받는다

철새 된 사랑

찰싹 달라붙은 손
걸을 때는 팔이 엉켜 붙고
자리에 앉으면
마주 보는 것도 멀어
옆에 앉아야만 했던 너

철원 녹슨 철책선에서
남자가 되어
훨훨 따뜻한 남쪽으로 갔아왔는데
너는 너는
다른 곳에 둥지를 틀었구나

차가운 바람이
나무 둥지 사이로 파고드는데
부드러운 너의 깃털 느낄 수 없으니
쏟아져 내리는 달빛마저
얼음 화살 되어 가슴에 박히는구나

봄이다

개나리가 봄소식을 듣고
줄기마다 노란 꽃을 달아놓았다

자정이 넘어 새벽으로 가는 지금
새삼스레 가슴이 설레고
가슴에 묻어둔 발효되지 않은 추억들이
꽃향기 맡고 스멀스멀 기어 나온다
이미 돌아가기엔
너무 멀리 왔는데

비단으로 감싼 듯한 너의 손을 잡았을 때
눈앞은 무지개인 듯
가물가물
마음은 두둥실 떠올라 꿈인 듯했지

날이 새면
진달래 핀 영취산에 가보자

고창의 붉은 흙

고창의 붉은 흙
자세히 들여다보니
핏물이 흐르네

수백 수십 년 흘린 피가
이 땅을 벗어나지 못하고
흙에 묻혀 흐느끼네

삶은 피가 청보리 되어
짙은 초록으로 어깨동무하며
강강술래
강강술래
파도 되어 흐르네

을씨년스러운 날

초겨울 늦은 오후
하늘이 문을 반쯤 닫아 어둑하고
어쭙잖은 빗방울 몇 바람 속에 날린다

문 닫은 나뭇가지에 매달렸던 나뭇잎
빗방울에 그만 맥없이 나뒹군다
떨어져 여기저기 굴러다니며
깨끗하게 살았다고 큰소리친다
함께 있는 낙엽들 바라본다

떨어지면 낙엽 되는
배우지 못한 만학도

저녁

하루의 생을 마친
태양은
남은 열정을 끌어모아
한 호흡 길게 들이마시며
깊은 어둠 속으로 뛰어든다

넓게 펼쳐놓았던
생각의 잔가지를 쳐내고
오므라든다

어둠 세상 속에
또 다른 세상이
조금씩 붉어 나온다

저녁이다

학의 놀이터

늙은 소나무
한 그루
학이 앉기를 바란다

이 산 저 산
누가 가꾸지 않아도

구름 따라 날다가
바람 한 점 깃을 접는

그곳이
학의 쉼터다

풀꽃 사랑

당신을 처음 보았을 때
길가에 핀 조그만 풀꽃이었지요
나는 한 방울 이슬 되어
당신에게 기대고 싶었지요
조금씩 아주 조금씩
당신 몸에 스며들어
영원히 시들지 않게 하고 싶었지요

차가워지는 이슬이
서리로 변해갈 때
당신도 삐쩍 말라
고개를 떨구는군요
다음 생에는 당신이 이슬이 되고
나는 꽃이 되어
못다 한 사랑 다시 시작해요

사랑해요

귀찮다

이틀에 걸쳐 내린 봄비가
하늘을 맑게 닦아놓았다
목적지 없이 핸들을 잡고
눈 가는 데로 가다 보니
화양면의 봉화대다
봉화대에서 내려다보면
새로이 놓인 용 같은 긴 다리가
섬에서 섬으로 이어지고
멀리 팔영산도 오늘은
팔딱 건너뛸 듯 가깝다
옹기종기 띄워놓은 작은 섬들도
호주머니 속의 공깃돌같이 사랑스럽다
저 아래에서부터
새롭게 태어나는 푸른 잎들을
간지럽히고 올라온 바람이
겨드랑이 속 땀방울을 씻어낸다
사랑하는 사람이 옆에 있는 듯 돌아본다
순간의 착각에 세상의 쓸쓸함을
홀로 뒤집어쓴 듯 주저앉고 싶다

여자만의 고독

여자만 너머 고흥 머리 위에
붉은 치마 휘두른 듯 물감을 뿌린 해
긴 하루가 물거품처럼 사그라지는 저녁
가끔 스쳐 가는 자동차들
팔각정의 비어 있는 자리에 홀로 앉아
유리 조각 부서지듯 깨어진 꿈
손이 베일세라 조심조심 더듬지만
떨리는 손가락 사이로 바짝 마른 모래인 듯
안개길이 흩어지더
갈매기 울어대는 소리가
짝을 찾는 건지
지는 해가 아쉬운 건지
팔각정의 저녁은
긴 밤의 터널로 들어간다

수묵 비엔날레

진도를 거쳐 목포 나들잇길에 나섰다
들녘은 풍요롭고
열어둔 창문으로 맑은 황금 알곡들을
가슴 가득 차곡차곡 채운다

현대적이면서 고풍스러운 전시장의
수묵화들이
장막에 가려졌던 시야를 환하게 해준다
목각 그림으로 탁본 체험도 해보고
들뜬 마음을 홍주로 달래며

목포 연안부두 근처에서
민어회로 배를 채우고 전시장을 찾았다
웅장함에 정신이 팔려
그림 하나 사지 못하고
먹물을 뒤집어쓴 채 발길을 돌린다

정신줄을 잠시 놓다

지리산 노고단 정상에 올랐다
짙은 녹음이 뿌옇게 먼지 낀 안구를 씻어준다
저 아래 화엄사의 풍경을 흔들고
계곡에 흐르는 물로 흠뻑 적신 바람이
얼굴에 맺힌 땀방울을 어루만진다
올라오면서 헛바람 소리만 요란하던 허파도
옥로주를 마시는 듯 아랫배가 들락날락한다

멀리 보이는 산자락 위로 구름들의 형상이
어느 절간의 벽화에 그려진 신선들이 타고 있는 구름 같다
세속의 때 묻은 옷가지 훌훌 벗어 던지고
천왕봉 위에 할 일 없이 놀고 있는 구름 덩어리 불러
그 위에 올라타고 두리둥실 여기저기 다니고 싶다
입안의 마른 침이 목구멍을 두드린다
아, 정상주 마시는 걸 까먹었네

복숭아꽃 가시내

이웃집 담 너머 사는
너의 봉긋한 가슴
훔쳐보는 재미 쏠쏠했지
두근거리는 솜사탕 마음
깊숙이 감추고
너의 집 대문을 들어설 때
네가 없으면 어쩌나 했지
야릇하게 솟아오른 그곳이
어떻게 생겼을까
무척이나 보고 싶고 궁금했지

지금쯤 피어나는 복숭아꽃
이리 봐도 저리 봐도
화사한 너 닮은 꽃
열매 맺어
뽀얗게 붉은 솜털 보송보송한
소담스레 잘 익은 복숭아

나는 차마
지금도 복숭아를 베어 먹지 못하지

송광사의 뒤안길

낙엽도 길가에 숨어버린
차가운 겨울
향냄새나 맡아볼까
송광사를 휘돌아본다

조계산 오르는 대나무 오솔길
가슴을 할퀴듯 바람 소리 요란하고
얼었다 녹은 눈물雪水
너나는 발자국마다 그림자 심는다

짚 더미같이 쌓아놓은 장작
최후의 일전을 겨루기 위해
제 한 몸 산화될
황산벌의 오천 결사대

한 발 한 발 밟고 지나는 길
통나무 울음소리를
계곡 흐르는 물이 대변하여
가슴으로 흘러내린다

뒷간의 보물

선암사 나들이에 나선다
사월의 마지막 주에 우르르 몰려들어
맞잡은 손
봄빛 따스한 체온으로
시원한 물줄기 뒤로 밀며
문지기 없는 일주문 지나
홀로 앉아 공양미 축내는 대웅전을 돌아서니
벚꽃이 바닥을 흠뻑 적셔놓고
비스듬히 누운 늙은 소나무
작은 종 매달아 놓고
꿈, 희망, 사랑, 돈, 건강 판다고
철부지 청춘 남녀
소망 실어 백 원 오백 원
소리 없는 종 속에 묻는다
총무 스님께 얻어먹은 양식
뒷간에 내려놓으니
쌓여가는 건 뒷간의 보물뿐이다

다 가지세요

홍국사 문턱을 돌아
공양간 밑에 차를 세웠다
수십 년 복전함에 지폐를 넣었다
나도 베풀었으니
당신도 베풀어달라고
엎드려 수백 번 절하며 빌었다

그 커다란 귀에 말뚝을 박으셨는지
알 듯 말 듯 한 미소는
절할 때만 눈을 감았는지
나의 정성은 영취산과 키 재기를 하는데
아직까지 언제 준다는
카톡도 문자도 전화도 한 통 없다

세월이 수천 년 흐르니
부처도 이제는 욕심이 생기는가 보다
오늘은 바라지 말고
가슴 보따리 풀어놓고
아무거나 마음대로 골라 가지라고 해야겠다
기왕이면 보따리째 다 가지시라고

헐렁하다

며칠 전 홍국사 팔상전에
향불도 피워놓지 못하고
경문을 낭송하여
부처님께 뜻을 가르쳐달라 했으나
네가 읽으며 깨우친 것이 다란다

이것이 뭔 말이냐
나는 소리 내어 읽은 것
그것이 전부인데

나는
부처님에게 많은 걸 원하고 받기를 바랐다
오늘은 내가 가슴속에 있는
귀한 것을 꺼내놓고 부처님에게
골라 가지든 전부 가지든 마음대로 하라 했다

팔상전을 나서는데 몸이 많이 가볍다
부처님이 몇 가지 챙긴 것 같다

공양간에 들어가니 주지 스님

침향목 팔찌를 손목에 채워준다
이 손으로는 다시는 죄를 짓기 글렀다
평생 헐렁하게 살라는 뜻이렷다

마음

가슴에 담으면 아픔이다

2부

마음의 눈

네가 너 자신을 사랑해라
네가 너 자신을 사랑하지 않으면
누가 너를 사랑하겠는가

네가 너 자신을 용서해라
네가 너 자신을 용서하지 않으면
누가 너를 용서하겠는가

네가 너 자신을 사랑하고 용서하면
그때야 네 마음의 눈이 생기리라

마음의 눈으로
세상을 바라보라
이 얼마나 아름다운가

꿈

의자에 깊숙이 파묻혀
의문의 꼬리를 잡고
끝없는 여행을 간다
가도 가도 갈림길은 한없이 이어지고
이 길도 저 길도 새로운 길
마음만 이 길 저 길 더듬다가
오늘은 이 길 따라
무지개다리도 건너고
옥서 한 권 손에 들고
바람 불러 땀을 닦고
새들을 초청해 노래를 듣고
묵과 술 향이 어우러지는
깊은 산속 정자
졸졸 흐르는 물소리에
그만 의식의 끈을 놓는다

지금이다

슬픔을 말하지 마라
기쁨은 늘 슬픔 곁에 머물러 있다
눈가에 맺힌 물방울을 내려놔라
그러면 얼굴에 미소가 가득 퍼지리라
새로움에 도전하지 않는 사람은
사랑하지 않는다
기쁨을 모르고 사는 사람이다

두 눈 크게 뜨고 주변을 살펴봐라
지난번 것보다 새롭고 좋은 것이 널려 있다
취향대로 골라잡을 수 있다
지금 시작해라

마음의 양식

어디서 오는지 모르나
대금인지 퉁소인지
더 가까이 오질 않고
멀찍이서 흐느껴 우는데
겨우 붙어 있던 잠들이 놀라 도망간다
우는 사연을 들어주려고
귀를 크게 열어젖히고 달려 나간다
내가 다가간 만큼 달아나고
그 사이가 좁혀지지 않는다
가끔 귀동냥으로 맛보는 귀한 양식
나도 누군가에게
마음의 양식을 줄 수 있다면 좋겠다

눈물방울

눈가에 맺힌 물방울
그 무게가 얼마나 무거운지
넌 영원히 알 수 없을 거야
너를 사랑하며 쌓아놓은
큰 덩어리들
네가 두 손으로 안아 들어도
세상의 제일 큰 저울로도
감당할 수 없이 크고 무거워
잠시 가슴 깊숙한 곳에 옮겨놓고
빛깔 없는 얼굴로 너를 본다

끝없는 길

빈손으로
거친 황야를 달리며
눈에 보이는 것
미친 듯이 입으로 쑤셔 넣었다

이 황야의 끝이 어디인가
수십 년 동안 달리며
끝없는 평원을 지나고
바위산을 수없이 넘었건만
길 없는 길은 끝나지 않고
다람쥐 쳇바퀴 돌듯 하다

배고파 이것저것 입에 넣은 것이
트럭으로 한 차가 넘었건만
배는 부르지 않고
알 수 없는 허기에
주린 배가 꼬르륵댄다

마음속으로

어떤 것이 있을까
그 속이 얼마나 넓을까
그 깊이가 끝 간 데 없이 깊을까
사랑은 얼마나 쌓아놨을까

많은 세월을 주고
그 속에 들어갔다
들어가는 바닥은 오물이요
옆과 위는 칠십 먹은 노인 술 취한 입이다

다 왔는가 싶어 둘러보니
작은 공간에
빈 술병과 색이 바랜
위신 욕심 아집 불신 거짓 등의 채들

나왔다
너무 더러워서
맑은 가을 하늘을 송두리째 들이마셨다
저 속을 산소를 들이부어
확 불 질러버려야겠다

지금

내 곁에 누가 있을까
많다
자세히 들여다보니
내가 그들에게 박아놓은 못들이 총총히 박혀 있다
아, 하나하나 박힐 때 얼마나 아팠을까
그 아픔을 참으며
지금도 나를 바라보는
그윽한 눈길은
심오한 부처의 눈일까
모든 사람을 감싸 안은 예수의 눈길일까

지금이라도
그들의 대못을 뽑아주어야겠다

주먹

쥐면 힘이고 펴면 보살이다

진화하는 상처

해가 안심산 능선을 걸을 때면
제 한 몸 마지막 정열을 쏟아부어
곁에 있는 모든 것을 불 질러버린다
불타오르는 아픔을 즐기며
조용히 눈을 감는다

마음속을 비우고 깊은 정적에 휩싸이며
하루의 삶을 되짚어 볼 때
돌산 너머 그 깊은 곳에서
빛을 뿌리며 얼굴을 내밀 때
세상을 다 가진 듯 환희에 젖었지

많고 많은 구름들이 시야를 가리고
천둥 번개가 송곳 되어 가슴을 찔러도
괜찮다고 조금씩 앞으로 걸어갔지
이제는 그 상처 추억이 되고
또다시 밝은 빛을 가지러 한 발 한 발 걸어간다
남들이 다닌 길을 여기저기 다녔다

여기가 저기 같고

저기가 여기 같아
나만의 길을 개척하려 해도
실타래처럼 엉켜 있어
어떻게 풀어나갈지 안갯속이다

풍선

배가 고프다
수년간 고픈 배를 채우려
도서관을 휘저으며
꾸역꾸역 무한정 배 속에 담았으나
몸뚱이가 부풀어야
하늘로 떠오를 텐데

어디서 어떤 것에
헬륨 가스가 있는 걸까
고픈 배를 채우려
끝없이 먹고 있다

형광등

칠팔 년 전 글을 쓰면서 구입한
책상용 형광등이 깜박깜박 졸더니
깊은 잠에 빠져
다시는 깨어나지 않는다
나를 항상 밝은 곳에 있게 한
네가 있어 늦은 밤에도 외롭지 않았고
머리는 수백 리 떨어진 고향 땅도 밟아보고
먼 과거를 넘나들며
사랑의 편지도 쓸 수 있었나

혼자 있어도 늘 함께,
함께 있게 했다

별을 딸 때다

붓대를 움켜잡았던 손가락도
허공을 휘어잡은 듯
술 취한 귀갓길이다

눈부신 저녁노을이
창가로 찾아들지만
잠시 지나면
떨어지는 동백꽃이다

세상을 다 잡은 듯
내 허리를 감싸 안고
꿈꾸고 있는 장미
그 속을 가만히 들여다보면
어린 시절
구름 한 점 없는 밤하늘이다

눈총

네가 나라면
그토록 애정이 담긴
많은 총알을 피하지 않고
몇 발을 맞고 비틀댈 거다

먼 곳에서 저격 총으로
머리와 심장을 맞혀도
가까운 거리에서 권총을 쏴도
너의 방탄 유리벽은
도저히 깨지질 않는다

나는 핵을 담을 수 있는 총알을
최근에 거의 완성했다
네가 그 눈총을 맞고도 버티는가
나는 지켜볼 거다

노을

카톡이 왔다
서산대사의 마지막 말씀이란다
노년을 살아가는 지혜들이 가득하다
다 아는 것인데
말씀이 머릿속을 저어놓는다
가진 것이 없는데
무엇을 몸에서 떼어낼까
내 몸에 필요 없이 묶여 있는 게 뭘까

오만 자만심 오기 욕심 시기심
그러고 보니 이것들은 전에도 버렸는데
나도 모르게 몸에 철썩 달라붙었네
그러면 어때 또 떼어내면 되지
요번에는 사랑도 웃음도 풀어놓자
가슴에는 따뜻하게 난로를 피우고
입에는 향기 짙은 꽃을 심고
눈에는 사랑을 심어 밝게 빛내자

저녁노을이 아름답다

길이 보인다

조용히
어둠이 내려앉는다
수십 년 만에 찾아온 어둠이다

미리 준비해야지 하면서도
생각으로 멈춰버린 어둠

깜깜하다
어둠 속에 이리저리 손을 뻗어도
잡히는 것이 없다
어쩌다 손에 잡혀
불을 켜려고 애써도
불이 붙지 않는다

길도 없는 어둠 속을 헤치며
앞인지 뒤인지도 모르고 갈팡댄다
주저앉아 쉬고 싶다

마음을 비우고 돌아보니
멀지 않은 곳에 불빛이 보인다
기를 쓰고 기어가니 학당이었다

더러운 입

먼동이 트기 전
가로등이 침실을 지킬 때
뒤엉킨 실타래가 뒤죽박죽

시집 하나 펼쳐 입을 여니
역겨운 내음이
길바닥에 뿌려진 잡탕이다

여러 가지 음식 먹고
이것저것 여러 사람 흉을 잡고
행하는 것은 부정뿐이다

어제도 오늘도 미쳐만 간다

놓여버린 시간

어린아이 아장아장 걸어오듯
강아지 뒤뚱뒤뚱 걸어오듯
가을은 쉬엄쉬엄 찾아오는데
세월에 갇혀 사는 나는
고속버스보다 빠른 KTX일까
더 빠른 비행기를 탔을까
스쳐 가는 계절들이
번갯불에 콩 구워 먹는다

나누어줘야 할 것이 많은데
이것저것 고르다
흐르는 세월에 놓치고
때를 지나 식어버린 음식
구린내만 세상 속으로 스며든다

쌓아간다

어려서 굶주린 배를
오돌개 아카시아 피디기
들로 산으로 다니며
깎고 다듬은 돌로 쌓았다

나이가 들어가며 돌들은
더욱 단단해지고
색깔도 들어가고
한 계단 한 계단 높여간다

천지에 깔린 명석을
눈앞에
고희가 되어서야
한 놈 한 놈 발밑에 눕히며
밟고 올라가는 곰

흔들흔들

사랑에 취했을까
술에 취했을까
가로등 불빛 아래
그림자 하나 비틀댄다

입을 비틀고
흘러나오는 소리는
노래인지
누구의 이름인지
가끔 사랑 소리도 들린다

바라보는 가로등에게
취권을 펼치며 걸어간 이 길을
기억이나 할는지

가슴속에 달아놓은 풍경

비가 와도 눈이 와도
바람이 불어도
가슴에 매달린 풍경
뎅그렁뎅그렁

풍경 소리에 놀라
두 눈 크게 떠보지만
보이는 건 아스라이 스치는
추억의 그림자

저 먼 곳 어딘가로 풍경 흔들어
맑은 메아리 날려 보내건만
새들이 달려들어 다 주워 먹고
허공에 구름만 흐르네

녹슬어 가는 풍경 떨어지기 전
네가 한번 울려주려무나

싹이 오른다

햇볕 따뜻한 양지에
노곤한 엉덩이 내려놨다
눈앞에 풍성한 자연이다
야트막한 언덕의 과수원 비탈진 콩밭
멀리 있는 이웃 마을까지의 논두렁
조그만 한 둠벙이 반짝이고
가끔 기적 소리 날리며
기차가 용트림하고
고무신 벗어놓은 벤벌 밑에
개미들 평생 먹을 것 찾았다고
굴 파기 작업하고

시골의 어린 소년
엉덩이 밑에 심었던 꿈과 희망
봄 되어 소록소록 싹이 오른다

생대추

어렸을 적
아버지의 심부름으로
아버지 친구 집을 찾아가면
마당 한켠에 있는 커다란 대추나무
대추나무 중간쯤에
대나무가 묶여 있다
기다란 대나무를 잡고 흔들면
대추가 우수수 떨어진다
주워 가라신다
딱 내 호주머니가 가득 찰 물량이다
그때의 아버지보다 나이가 많은 지금도
나는 생대추가 제일 좋아
가을이면 대추를 많이 사서
겨울까지 아작아작 씹으면
그 달콤함이 먼 향수를 내 옆에 앉힌다

언제까지

친구여
내가 흔들릴 때 나에게 달려와
버팀목이 되어다오

우리 육십을 넘게 살며
자네는 나에게
나는 자네에게

팔십이 훌쩍 넘어도
나는 늘 자네 곁에
자네도 언제까지나 내 곁에

그 먼
언제까지

3부

바람이라면

내가 바람이라면
그대 얼굴에 맺힌 땀방울
차가운 바람으로 씻어주고
그대 능금 같은 볼 차가워지면
따스한 장미 바람으로 감싸주고
그대 비 내리는 저녁은
바바리코트 받쳐 입고
우산 속으로 쓸어안고
하얀 눈이 내리면
눈이 되어 그대의 얼굴에도 가슴에도
마음대로 찾아갈 건데

바람
바람이고 싶다

너를 찾아

내가 들어선 이 길이
슬픔과 절망의 길일지라도
나는 이 길을 헤쳐 나갈 것이다
저 먼 곳 어딘가에
내가 사랑한 네가
기다리고 있을 것 같아
이 몸이 가시덤불에 찢기고 찢어져도
조그만 상처일 뿐
너를 만날 수 있는 그 큰 기쁨에
나는 이 길을 끝내 헤쳐 나갈 것이다

허공

밤하늘 별들에게
내 애틋한 마음을 속삭였고
흘러가는 무심한 달에게
속마음을 전해달라고 빌었지

별도 달도 무엇이 그렇게 바쁜지
내 마음 하나 전해주지 않는다

혹여 늦게라도 전해지면
답이라도 올까
허공을 향해 양손을 휘젓는다

끝없는 사랑

어디까지 가야 할까
많고 많은 역 중에
사랑의 종착역은 어딜까
그 끝이 어딜까
동쪽 산머리 위로 얼굴을 내미는 해일까
대지를 뜨겁게 달구다
서쪽 하늘을
처녀의 속마음으로 펼쳐내는 것일까
줘도 줘도 끝없는
퍼내도 퍼내도 솟아나는
그놈의 사랑
그 어디가 부족하길래
채우려 채우려고
내 인생을 모두 걸고
저 먼 은하 철도에 승차했을까

나만의 사랑

깊어진 밤
흐르던 자동차의 소리도
창가를 비추던 가로등도
점점 멀어지고

어슴푸레 멀리 떠 있던 별
점점 다가와
조용히 가슴에 안긴다

심장이 터질 듯 부풀고
풍선인 양 허공에 붕 떠오르며
선인들의 세상인 듯

내 이를 이찌할거니

거북호수에서

오랜만에 찾아온 호수다
몇 달 전이나 수년 전이나
그저 그렇다
호수 안에 사는 고기들은
사람들이 가까이 오면 우르르 몰려오고
능수버들 나무들은 잎새가 붙었다 떨어졌다
정자에는 할배 할매들이 모여 있다
저녁을 알리는 희미한 가로등만
팔을 흔들며 바삐 걸어가는
여인들 발자국을 따라간다
한 바퀴 휘돌고
놀고 있는 의자에 무거운 엉덩이 내려놓는데
저쪽 건너편에 눈에 익은 모습 하나 건너온다
차갑게 내려앉은 몸뚱이
심장 펌프질 속도가 빨라진다
뜨거운 입김이 입술을 달군다

같이 쓰고 싶은 우산

비만 오면 언제든지 달려가
그녀와 함께 쓰려고
접이식 우산을 하나 장만했다

비가 오지 않는다
어렵게 장만한 우산은
제 기능을 잃어가고
세상에는 신상의 우산이 쏟아진다

그토록 기다리던 비가 온다
한달음에 달려가 우산을 받쳐 드니
겨우 그녀의 얼굴만 가릴 뿐
내 얼굴 하나 들이밀 공간이 없다
한심하다

깊은 사랑

차가운 달빛이
소록소록 내리는 깊은 밤
그대 그리운 마음 한 자락
보자기에 고이 싸두었다가

햇살 따스하게 쏟아지는
향기 짙은 날

그대 오시는 발길마다
한 겹 한 겹 풀어
무지개 밟듯
가볍게 가볍게
눈 녹아 사라지듯
가슴 깊이 쌓인 사랑 녹여주시길

내 곁에

지금
내 곁에 네가 있어
네가 있는 것만으로도
하늘의 별들이 깨어나
음악을 연주해
무지개 구름 타고
훨훨

너 들어보렴
내 목소리
저 많은 별들이 속삭이는
그 소리 하나하나
네가 듣고 싶은 그 소리

사랑해

사랑한다고

그대 가슴에
아무도 모르게
내 마음 하나 살포시 얹어놓았지요
누가 볼까 봐 얼른 덮었는데
혹시 그대는 눈치챘나요
그래도 아무에게도 말하지 마세요
지금은 비밀이에요
멀지 않은 날에
그대 가슴속에 숨겨놓은
내 마음이 점점 커지면
꽃도 피고 열매도 맺고
저 하늘 끝에 닿으면
그때는 자랑삼아 온 세상에 말할래요
사랑한다고

그곳에서

네가 지금 서 있는 그곳에서
너와 내가 눈이 마주쳤지
활짝 핀 네 눈 속에
난 정말 빨려들었어
세상에 강심장이라 자랑했는데

어쩌면 그럴 수 있니
넌 마녀 같애
네가 마녀가 아니란 걸
나한테 증명할 수 있겠어?
밤낮으로 내 눈 속에는
모든 꽃을 합친 꽃다발인데

너 차가하지 마
내가 너를 사랑하게 된 줄
하지만 몰라
네 속에 뛰어들고파
미쳐 날뛰고 있거든

어찌하라고

개척의 땅에
땀을 거름으로
씨앗을 뿌려
짙은 녹음을 만들고
결실을 맺어 황금을 거뒀다

다시 황량한 들판이 되고
지쳐 쓰러질 것 같은 허수아비
지나가는 새들만
초점 없는 눈으로 따라간다

주어도
주어도
다 주지 못한 사랑이
주머니 속에 가득하고
안주머니 것은
아직 꺼내보지도 않았는데

봄이 왔다
새 옷으로 갈아입고

바로 서 있으니
지친 새 한 마리 어깨 위에 앉는다

그리움 1

크리스마스이브
잔뜩 찌푸린 하늘
눈이 오려나 했는데
빗방울이 바지 자락을 적신다

지난 먼 곳에
너의 이름을 묻어놓고
얼굴만 가슴 깊은 곳에 새겨
그리우면 꺼내어
함께 거닐고 술도 마시며
즐거운 대화를 속삭이다
우스우면 비실비실 실없이 웃고

오늘은 왠지
네가 살고 있는 곳으로
무작정 달려가고 싶다
그동안 때 묻은 옷가지들
훌훌 벗어 던지고

그리움 2

잠을 못 이루겠어요
당신 모습 그리워
잠을 못 이루겠어요

내 안에 있는 당신
아침 이슬 받아놓고
햇살에 구워 먹으려는
싱그러운 풀잎 같은 당신

가슴속 고이 간직한 당신
하나하니 펼쳐놓고
이것과 대화하고 저것과 속삭여도
금방금방 시들해져요

차가운 겨울이라
무지개도 못 만들고
별들에게 부탁해서
반짝이는 별마차 타고 오세요
그대 오시는 길에
곡성 장미꽃 향기
살포시 깔아놓을게요

먼 훗날

당신
세월이 흐르고 흘러
먼 훗날
내가 당신 곁에 없더라도
미치도록 보고 싶을 때가 오면
가만히 눈을 감아봐요
당신을 사랑했던 한 남자가
늘 곁에 있었잖아요
때로는 숲 속의 깊은 호수처럼
가을 하늘 뭉게구름이 청소한 밤
빛나는 별처럼
그 맑은 눈 속에
깊이깊이 정들여 새겨놓은
사랑이 있잖아요
그래도 자주 보진 말아요
예쁜 당신 눈가에 눈물이 맺히면
가슴이 아파요

그녀를 만났다

그녀를 만나
가슴에 사랑을 품었다
풍선처럼 부풀어
무지개 위로 떠오르는 듯
하루하루가 내가 주연이고
모든 것이 조연이다

세월이 흐르며
부푼 가슴속에
흠이나 상처가 깊어지고
속절없이 바람만 조금씩 빠져나간다

알코올로 소독하고
수십 권의 시집으로 코팅하여
조금씩 압축된 향기를 불어 넣는다

처음 만났을 때의 그녀가
저쪽에서 웃고 있다

우산

비가 내린다
굵은 빗방울이
그녀를 향해 내리꽂힌다
내 작은 우산으로는 속수무책이다
땅을 치고 하늘을 향해 외쳐도
육신만 고달프다

다시 우산을 만들자
아직은 힘이 있으니
태풍이 몰아쳐도
태양이 붉게 타올라도
그녀를 보호할 수 있는
지금 이 순간,
다시 시작이다

술잔

나는 내실에 걸려 있는
생애 맨 처음으로 구입한 정미경 화백의
창포꽃 그림을 가끔 가만히 들여다본다

어떤 때는 이슬비를 맞고 있는 듯 애처롭고
어떤 때는 가녀린 여인이 가로등 밑에 우산 들고
연인을 기다리는 것 같다

정 화백의 꽃들은 화려하고 밝다
예쁘게 화장한 여인들을 보는 듯 즐겁다
아침마다 창포 한 송이 함초롬히 피어난다
그 꽃은 언제나 나에게 술잔을 잡게 한다
그래서 나는 그림 제목을 술잔이라고 한다

사랑 출납부 통장

이십 대에서
삼십 대 중반까지
통장 예금이 무한정 늘어난다
그녀가 무엇을 하든
사랑 통장은 차곡차곡

삼십 중반을 넘기니
들어오고 나가고

사십 대에 들어서니
예금이 조금씩 줄어든다
들어오는 것보다
나가는 것이 무진장 많다

오십 대에 이르니
나가는 것도 들어오는 것도
관심 밖으로 밀려난다

육십 대에 이르러
내게도 사랑 통장이 있었던가

그런 것이 있었던가

기억 저편에
아지랑이가 인다

늙은 호랑이

이른 저녁
아내가 핸드폰을 내밀며
전화가 수신되지 않는다고 보여준다

바탕화면에는
그동안 모은 정보들이 꽉 차 있다
불필요한 것들을 지워나가자
아내가 핸드폰을 빼앗으며 화부터 낸다

배부른 사람은
아무리 맛나는 것을 권해도
배가 부르면 더 먹을 수 없다고
아무리 설명해도 소용없다

가슴속 불덩이가 밖으로 뿜어 나온다
울컥하는 마음에 뱉어낸 큰소리
수십 년째 못 고치는 버릇
아내가 토라져 가버린다

아침에 사과할 내용을 더듬는다

맹수인 호랑이가
아직도 으르렁대는 것은
힘이 있다는 거야
으르렁대지 못하면
다른 놈이 그 자릴 차지하지

당신의 숨결

이른 아침
꿈에서 벗어나
숨소리 고른 당신을 바라볼 때
내 삶은 아직도 행복의 연장선

수많은 세월에
하루하루 사연 담아 흐르건만
천진스럽고 어여쁜
당신 모습은 변함이 없구려

당신을 만나 함께한
그 세월만큼 또다시 흘러
지금처럼 내 마음이라면
더 무엇을 바라겠나

빈자리

추석 명절이다
평소에 적요했던 집은
동생 가족이 와 꽉 찼다
오가는 대화도 넘치고
화제도 끝없이 쏟아진다
주고받는 술잔도 넘치고
만들고 있는 음식도 쌓여간다
웃음소리가 집 안을 넘쳐 나간다

하룻밤이 지나
동생 가족은
집 안 정겨움을 싹 쓸어 담아 떠났다
혹시나 하고 둘러봐도
차고 넘치던 것이 고요 속에 묻혀 있다

"나 여기 있소"
빈 술병 하나만 손짓을 한다

엄마의 손

아무것도 모르는 내 나이 열 살
엄마는 홀로였다
많지 않은 논밭을 호미 자루 하나 움켜쥐고
뜨거운 태양 아래 수건 하나 둘러쓰고
목마르면 오이 한 입
배고프면 가지 한 입
아침부터 저녁까지
콩밭 그늘이 손을 감추고
해 질 무렵이면 열무 몇 개 뽑아 들고 돌아와
아무 일도 아닌 듯 한 바가지 물을 마시고
화덕에 양은솥을 올리고
밀가루 주물러 떼어 넣고
텃밭 옥수수 몇 개 아궁이에 구워 주시던
마디 굵은 손
이제는 볼 수도 잡을 수도 없는
그 억센 손

가슴 깊이 뭉쳐진 덩어리

늘 함께 지내는 동무들과
저녁 식사 겸 술 한잔하러 왔다
한 가족이 옆자리에 앉았는데
그중 한 분이 노인이다
중년 부부와 아이들이
서로가 질세라 할머니에게 음식을 권한다

가슴 저편에 밀쳐두었던
덩어리 하나가 울컥 밀려 올라온다

수체할 수 없이 눈물이 난다
슬그머니 일어나 화장실로 가
코를 풀고 세수를 한다

어머니 살아생전 내 손으로
따뜻하게 밥 한 숟갈 떠먹여 준 적이 있었던가
떠나가신 지난 이십여 년간
가슴에 뭉쳐진 덩어리 꺼내어
눈물 요리 만들어 밥상에 올리는 못난 나
술잔에 눈물로 간을 친다

둘째 형

육십 년대 초반
가진 것이 별로 없는 우리 집
시골 초가삼간
하늘을 우러러보며
겨우 입에 풀칠한다는 말이 맞는 말이다
아버지를 일찍 이별한 우리
겨우 청년의 반열에 든 둘째 형이
가난을 벗고자
밭에 특수작물도 재배하고
다리품 팔아 이 동네 저 동네 행상을 하고
군에 입대하고는 월남전에 참전하고
제대 후 취직하여
동생들을 결혼시켜 분가시킨 둘째 형,
이제 겨우 칠십 후반인데
폐암 말기란다
부랴부랴 상면하니
피골이 상접한 허수아비 하나
숨을 헐떡인다

조그만 항아리

그렇게 갈 줄 몰랐다

병원에서 예고한 육 개월
반도 못 채우고
일손을 놓아버렸다

좀 더 일을 하고 싶다고
몸부림치던 형
아~

남들은 계약 기간을
수십 년도 넘기며
천천히 일하는데

그 옛날 차가운 겨울
형님의 등에 업혔던
따스한 기운이
조그만 항아리에 담겨 있다

아버지

추석 일주일 전
쉰일곱 번째 맞는
아버지의 제사다
내 나이 열 살에 가셨으니
기억도 저편의 아지랑이다

자기 신랑을 이 세상에 남겼다고
해마다 정성으로 제사상을 본다
엎드려 절을 하며 뿌리의 안녕을 빈다

아버지
이 세상에 있지도 않은
아버지에게 속마음을 내보인다

어쩌랴
이렇게라도 하지 않으면
후에 좋고 나쁨을 감당할 수 없는데
없는 아버지에게 책임을 지우는 나는
못난이다

형수

내 나이 육십 후반
마음의 지주였던 둘째 형도
훌쩍 가버렸다

위로 형수들만 가득하다
밑에 동생이 있으니
이젠 내가 어른이다

흐르는 세월이야 어쩔 수 없지만
형수들의 안부를 물을 때면
가슴 저 밑바닥에서
도련님 하고 불러주시던
그 고운 목소리만 귓전에 쟁쟁하다

창가에 드리운 저 달이
형수의 얼굴이었는데
구름 한 조각이
나뭇가지에 걸친 달을 스치네

4부

한 걸음부터

바람 한 점 없는
침묵의 바다에 빠진 듯
아무것도 볼 수 없고
아무것도 들리지 않는다
오직 의식만 살아서
무언가 손에 잡힐 듯
머리가 손이 되어 허우적댄다
무無의 세계가 이럴까
내가 무無를 느낀 걸까
나도 텅 빈 곳에 새로운 것을
그려 넣을 수 있을까
무한 詩 공간을 넘나들 수 있을까
한 걸음부터 밟아보자

바람 들어 미쳤다

나는
노년에 바람 들었다
미쳤는가 보다

남들이
칭찬 겸 조롱을 해도
그저 헤벌쭉 웃는다

긴긴 겨울밤
자정을 훌쩍 넘긴 시간에
손가락 주무르며 볼펜을 잡고 있다

기왕에 바람 들고 미쳤으니
누가 뭐래도
기막힌 시 몇 편 주워보자

때 묻은 문진

처음 내 손에 잡혔을 때
고운 흙색으로 미끈했는데
한 리어카의 화선지
한 바구니의 먹
수 자루의 붓
그들은 다 떠나도
너는 한번 맺은 인연으로
늘 내 앞에 앉아
붓대 노니는 걸 보며
네 몸에 손때 묻는 걸
까맣게 잊고 사는구나

가끔
아주 가끔
네가 지켜본 화선지에
제목과 이름이 써지고
빨간 입술이 꾹 닿을 때
그때의 네 기분
참 좋았겠다

화려한 詩

무거운 돌 하나 짊어진 듯
축 처진 어깨가
금방이라도 바닥에 나뒹굴 것 같다

싱그러운 햇살이
창가를 넘나들며 꼬드기지만
난 꿈적도 안 하고
책상 앞에 앉아 詩 한 수 구걸하고 있다

아파트 담장 덩굴장미가
외출하듯
향기 폴폴 날리며 넘어오지만
독한 위스키로 방충망을 친다

이제야 처진 어깨도
답답한 가슴도
콧대 높은 장미 향도
화려한 詩 속으로 녹아든다

부끄러운 최우수상

시 한 편 채본 받아
화선지 백여 장을 깔아뭉개
그중 하나를
갑오동학미술대전에 출품했다
며칠 지나 서예 부문
최우수상에 선정됐다는 연락이다
기쁨에 앞서 한숨이 나온다
붓을 잡은 지 수년이 지났건만
나만의 취필법도 없이
어느 세월에
눈 가는 대로 마음 가는 대로
붓대를 휘둘러볼까나

웃기지 마라

네가 내 몸에 슬며시 숨어들어
조금씩 점령해가지만
그것은 나의 무한 세계의
손톱보다 작은 것이다

너는 언제나 나를
네 세계 속으로
깊숙이 끌어들이려 하지만
나도 비장의 무기로
수십 년 갈고닦은 몸이다

술잔을 한번 휘두르면
오장육부가 들고일어나고
삼백예순한 칸의 바둑판을 펼치면
백호와 흑룡이
땅과 하늘을 희롱한다

詩 네놈이 내 몸에서 차지한 건
겨우 심장과 머리뿐이다

살판난다

책상 위 안경을
며칠 만에 걸치니 흐릿하다
깨끗하게 닦아낸 후 걸치니 환해진다

술에 찌든 가슴은
또 얼마나 씻어내야
시가 보일까 막막하다
구닥다리지만
읽고 쓰고 생각을 해볼 수밖에

십여 편을 넘기니
가슴속에 숨어 있던 씨앗들이
스멀스멀 기어 나와 움이 튼다
머릿속이 환해지며
안개 저 멀리 있던 글들이
조금씩 시야에 들어온다

이제야 살판난다

거지

나는 맹세코 배고프게 사는 사람이 아니었다
근처에 책방도 있고
도서관도 걸어서 십 분 거리다
나는 잡식성이라
우리글로 써 있으면 아무거나 잘 먹는다
일 년에 백여 권 이상을 먹어대는 대식가다

몇 년 전부터 입맛이 조금씩 변해갔다
나무를 보고도 밥을 달라고 여러 시간을 구걸하고
하늘에 흘러가는 구름 보고도 구걸하고
끝없이 밀려와 부서지는 파도와도 씨름하고
곱게 피어난 꽃과도 눈싸움하고
졸졸 흐르는 계곡물 따라 헤매고
찬 바람에 나뒹구는 낙엽한테도 얻어먹으려 하고
먹고 먹어도 허기에 시달리면서도
입맛은 점점 까다로워지고
세상에 널린 것이 다 먹을 것인데
가져다 요리를 잘해둬도
막상 먹어보면 막걸리에 물 탄 듯하다

어쭙잖게 詩란 놈이 입맛도 버려놓고
배때기에 기름이 짜르르 흐르던 것도
먼 옛이야기다
詩란 놈이
나를 늘 배고파 허덕이는 거렁뱅이로 만들었다

낚시

새벽밥 먹고
백야도 앞바다
선상에서 낚싯줄을 담근다
이곳은 잡어라도 제법 큰 놈들이 올라온다
옆에서는 질세라 올리기가 바쁜데
나는 어쩌다 올려도 잔챙이다

오전 열 시 물때가 지나
한 마리씩 각출하여 한잔하려는데
이런 나는 내놓을 것이 없다
오히려 한 마리씩 더 걸어
내 박스에 넣어준다

캬, 이제야 선상 술맛이 난다

비틀대다

식당에서
당구장으로
지하 카페까지

어이 잘들 가
그렇게 홀로 됐다

반짝이는 네온 불빛이
끈적거리는 내 술보를 채우려
두리번거리며 더듬이를 휘저어
먹이를 찾는다

휘청휘청 걸어온 발길
그만
집 앞에서 더듬이를 접는다

똥배

샤워하고 거울 앞에 서니
영락없이 임신부다
온몸의 뼈마디가 부서지는
그 고통을
그 숭고한 예식을
내가 왜 하려고 할까

옆으로 누워 허리를 잡아보니
어라 홀쭉한 허리가 잡힌다
반대로 누워 허리를 잡아봐도 같다
허리 양옆보다
앞과 뒤가 긴 것은
단순히 똥이 가득 들어찬 것이다

지금까지 똥배짱으로 살아온
나의 똥배다

홀로된 남자

언제나 마주 잡아주던
솜뭉치 같은 따스한 손

밤새도록 허공을 휘저어도
잡히는 건 빈 술잔

있을 때 잘하라는 그 말이
가슴을 쥐어짠다

봄 햇살 따스하고
갈 데 없는 휴일 날이다

창밖의 참새들만
시끄럽다 나무란다

녹슨 술잔

어지럽다
모든 육신이 녹슬었다
이것이 육십이 넘게 끌고 다녔던 내 것인가

하기야
오십 후반 퇴직까지 술독에 빠져 살았으니
그 후에도 그렇게 살면 될 걸

머리가 반백이 넘어서
펜을 잡고 붓을 휘둘러보려니
손가락은 힘이 없어
옆으로 그으니 지렁이 누운 거 같고
내려 그으니 새끼줄 늘어진 꼴이다

읽고 쓰지만 머릿속은 하얗기만 하다
온갖 술독에 녹아 하룻밤을 못 견딘다
지성이면 감천이라는데
내 지성은 술청인가
이리 비틀 저리 비틀 왔다 갔다
술잔 속에 맑은 물만 찰랑댄다

소주 맛

봄비 내리는 늦은 저녁
웅천생태터널을 지나니 차량들이
신호 대기 하며 줄을 섰다
나도 그 행렬 속에서 기다리던 중
뒤에서 급제동 소리가 울리며
쿵 하고 내 차가 몇 미터 튕겨 나가고
나는 얼떨떨 목이 뻑적지근
정신을 차리고 차에서 내리니 오 톤 트럭이다
내 차는 뒷부분이 많이 망가졌다

제일병원에서 입원 절차를 밟으며
집으로 전화해 전후 사정을 설명하니
아내가 저녁은 먹었냐 묻는다
아직이다 하니
집에 저녁을 차릴 테니 엄살 피우지 말고
와서 밥 먹으란다

병원에 있으면 못 볼 이 맛,
집에 와 소주 한 병을 반주로 마신다

빈 술잔

저녁 반주로
한 잔 두 잔 비운 것이
페트병 640ml가 비었다
빈 잔을 바라본다
채우는가 싶으면 비워진다
저놈은 분명히 전생에 거지였을 게다
허구한 날 그렇게 많은 술을 따라줬는데
지금도 언제 먹었냐고
빙그레 웃고 있다
한 병 더 뚜껑을 딸까
저놈이야 좋겠지만
도끼눈으로 쳐다보는
아내가 심상치 않다
식탁 위의 삼겹살 몇 놈이
조롱의 눈으로 나를 저울질한다
그래 딱 세 번만 따라주자

나는 바보다

내가 누구일까
나는
남들에 대해선 잘도 말한다
누가 들어도 그럴듯하게

나는
나에 대해선 말을 못 한다
남 앞에 내세울 것이
하나도 없다

누가 봐도 그렇다

살랑살랑 부는 바람에도
휘청이며 비틀대고
비바람 몰아치면
진흙 속에 묻혀 허우적대고
술잔 속에 뛰어들면
날 새는 줄 모르고 헤엄친다

나는 바보다
누가 봐도 그렇다

개똥이나

나이 육십이 넘어 붓대를 잡고
펜대를 흔들며
술잔을 쥐어짜지만
머릿속에 든 것이 돌밖에 없으니
언제나 나오는 건 개똥이다

입에 밴 소리가 개똥이고
하는 행동이 개인데

콩 심은 데 콩 나고
팥 심은 데 팥 난다

나는 개 팔자 상팔자다

개폼

머리에 중절모
코 밑에 수염에다
서예와 그림 시를 쓰며
나만의 나를 살리려고
지랄도 수 가진데

묻는 이들마다
혹시 일본 멕시코 몽골에서…

젠장
예술인이세요?
그러면 어디 덧나나

향수

나이 육십을 넘기며
향수를 사기 시작했다
옛적에 아내에게 맡았던 향기다
길을 걸으며 맡던 향기다

화장대에 향수병이 즐비하다

젊음은 멀어지고 추억만
가슴에 채워지는 걸까
함께하는 사람들도
십중팔구는 내 또래다

이제는
조용히 향수에 젖어 산다

하동의 이병주문학관 탐방길

꼬불꼬불 길을 달리는데
길가에 수십 년간 보지 못했던
꽃들이 하늘거린다

아, 코스모스다
가슴 저 밑에서 뜨거운 환호성이 터진다
수만 평의 들녘이 온통 코스모스다

여기 오기를 참 잘했다고
문학은 멀리 소풍 보내고
꽃길을 걸으며 어린 시절 벗들을 불러낸다

지역 특산 동동주 한 잔에
부푼 가슴을 달래며 발길을 돌린다

문학 기행

함양군 안의면 계곡
흐르는 청아한 물소리에 취하고
농월정 거연정의 옛 선비들
손때 묻은 글 소리에 취하고
지리산 자락에 흘러내린 줄기에
굽이굽이 드러누운 바위들
그곳에 서면
내가 바위고 내가 물이다
새들이 놀자고 하건만
이미 취해버린 나
손 흔들며 일없다 했다

흔적 없는 상처

그걸 할 수 있을까
주는 것도 못 먹을 거 같아
가슴에 깊이 대못이 박혔다

작은 파트부터
해나가야 할 일들을 살펴본다

세월이 흘러
큰 것들도 냉큼냉큼 받아먹는다

정년으로 회사를 떠나면서
가슴에 박혔던 대못을 바라본다
대못과 상처는 사라지고
황금 열쇠 하나 매달렸다

쌍봉도서관의 도둑들

쌍봉동 언덕 위에서
시가지를 내려다보며
수천 권의 지식을 배 속에 넣고
걸터앉아 졸고 있다

배고픈 어린이부터
초로의 노인까지
살금살금 걸어와
자기 입맛에 맞는 음식을
즐겨 먹는다

도둑도 여러 가지다
가족 단위로 들어와
마트에서 식료품을 카트에 넣듯
한 보따리씩 훔쳐 나간다

어떤 젊은이는
하루 종일 뷔페식으로
이것저것 골라놓고 먹는다

초로의 노인은
신문 한 면을 먹는데
시계의 분침이 반 바퀴나 돈다

하루에 수백 명의 도둑들이
다녀가는네도
도난당한 지식을 찾으려고 하지 않는다
여기서 훔쳐 배 불린 사람들
모두가 잘 살기만 바란다

봄비 내리는 어느 날

봄기운이 살며시 일어서는
토요일 오후
어제저녁부터 계속 궂은비가 내린다
낙포동 회사 문을 나서는데
할머니 다섯 분이
무거운 배낭을 짊어지고
보따리를 머리에 이고
비를 맞으며 걸어간다

차를 세웠다
트렁크를 열고 바닥에 비닐을 깔고
할머니들의 무거운 고사리 배낭을 실었다
좌석에다 할머니들의 젖은 수건과
보자기를 깔았으나
이미 흘랑 젖은 몸이다

"우리가 오늘 부처님을 만났어라"
"하느님을 만났구먼"

그럴지도 모른다

그분들이 시키지 않았으면 그냥 지나쳤겠지
무선지구 주택가에 내려드리니
탈진한 할머니들 배낭을 들지 못한다
집집마다 택배를 마치니
온몸이 비에 젖어 으스스 한기가 든다

퇴직 날

삼십일 년을 마무리하는 날
공장 가동을 멈추고 축제 분위기 속에
전 직원이 모인 자리에서
마이크를 들자
준비했던 말들은 까맣게 사라지고
눈가에 이슬이 맺혀 지난날들이 주마등이다
넙죽 엎드려 큰절을 올렸다

여기 계신 모든 분이 나의 스승이었습니다
나에게 은혜를 베푸신 고마운 분들이었습니다
여러분이 있어 행복했습니다
그리고 무능한 저에게
막중한 직책과 많은 급료를 줬습니다
회사가 있어 행복했습니다

| 해설 |

마음의 깃을 가지런히 잡아주는 성찰의 시

신병은 시인

사랑, 폭넓은 삶의 자리

시는 '대상에 대한 이해', '인간에 대한 이해', 즉 '세계에 대한 이해'다. 그리고 묻혀 팽개쳐진 삶의 아름다움을 재발견하는 일이고, 잊고 사는 것들의 소중한 가치를 찾아내는 일이면서, 삶의 '사소한 현장'을 확장하고 그 본질을 깊이 사유할 수 있도록 이끌어주는 작업이다. 그렇다고 그동안 없던 것을 생각하고 만들어내는 거창한 작업이 아니라, 우리 주변의 습관화된 의미를 재구성하고 편집하여 새로운 세계를 발견하는 일이다. 그래서 김정운 교수는 편집된 세상을 에디톨로지Editology로 읽는다며 창조를 편집이라 했다. 또한 최재천 교수는 창조를 통섭의 원리로 접근한다. 알고 보면 같은 맥락의 이야기로 시의 본질을 꿰뚫는 비법이기도 하다.

나를 통해 너를 알고 너를 통해 나를 알 수 있는, 눈에 보이지 않는 것들에 대한 배려, 그리고 팽개쳐져 있는 것들에 대한 관심과 무심코 지나쳐온 모든 것에 호기심을 갖고 새롭게 알고자 하는 노력이 곧 '상대방에 대한 이해', '세계에 대한 이해'의 시작이다. 나와 다른 차이점에 대한 인식과 깨달음이 곧 서로 간의 이해를 만들어내고 그것으로부터 새로운 것을 안내받게 된다.

무엇보다 중요한 것은 '관심과 사랑'이다. 그 두 단어가 창작의 에너지원이 되고 새로운 세계를 발견하는 길이 된다. 새로운 발견과 창조는 그것에 대해 얼마나 관심이 있으며 얼마나 사랑하느냐의 문제다.

고미숙은 저서 『사랑과 연애의 달인 호모 에로스』에서 "상식적인 말이지만, 사랑 따로 대상 따로 나 따로가 아니라, 나와 사랑과 대상이 하나로 어우러질 때 사랑이라는 사건이 발생한다. 각자 따로 존재하다 서로 플러스된다면, 그건 사랑이 아니다. 노동이거나 거래지. 그러므로 노동이나 거래가 아닌 제대로 된 사랑을 꿈꾼다면, 반드시 환기해야 한다. 사랑과 대상과 나 사이는 결코 분리될 수 없다는 것, 나아가 사랑하는 대상, 그것은 바로 '나' 자신이라는 것을"이라고 했다.

'질문 – 상상 – 표현 – 인간탐구'라는 시적 상상력의 과정도 관심과 사랑에서 시작된다. 꽃이 왜 피는지, 학교는 왜 가야 하는지, 노을이 왜 지는지 등 당연했던 모든 것에 질문을 던져보며 그 이유와 원인을 따져 묻는 것이다. 처음부터 당연한 것은 아무것도 없다. 그래서 꽃이 피는 구체적인 과정을, 저녁이 오는 빛의 변화를 상상하는 것이 더 잘 보고 이해할 수 있는 계기가 된다. 나아가 글로 써보고 그림으로 그려보며 마음껏 표현하고 표현 수단을 찾아본다.

그게 살아 있는 시다. 그래서 누군가는 이 세상이 나에게 주는 선물인 사랑만은 양보할 수 없다고, 아무리 힘들어도 허투루 할 수 없다고, 후회하지 않도록 꾹꾹 눌러쓴다. 대상에게 보내는 연정과 가까워질수록 더 간절한 그리움, 때로는 남성미가 넘치는 바리톤의 목소리로, 때로는 맑은 동심을 지닌 어린아이의 순수함으로 세상을 바라보고 주위를 보살핀다. 그런가 하면 "이른 아침/ 꿈에서 벗어나/ 숨소리 고른 당신을 바라볼 때/ 내 삶은 아직도 행복의 연장선"(「당신의 숨결」)이라고 고백한다.

사랑이다. 어느 시인은 사랑하지 않고서는 또는 사랑할 줄 모르는 사람은 시를 쓸 수 없다고 했다.

당신
세월이 흐르고 흘러
먼 훗날
내가 당신 곁에 없더라도
미치도록 보고 싶을 때가 오면
가만히 눈을 감아봐요
당신을 사랑했던 한 남자가
늘 곁에 있었잖아요
때로는 숲 속의 깊은 호수처럼
가을 하늘 뭉게구름이 청소한 밤
빛나는 별처럼
그 맑은 눈 속에
깊이깊이 정들여 새겨놓은
사랑이 있잖아요
그래도 자주 보진 말아요
예쁜 당신 눈가에 눈물이 맺히면
가슴이 아파요
—「먼 훗날」 전문

이십 대에서

삼십 대 중반까지
통장 예금이 무한정 늘어난다
그녀가 무엇을 하든
사랑 통장은 차곡차곡

삼십 중반을 넘기니
들어오고 나가고

사십 대에 들어서니
예금이 조금씩 줄어든다
들어오는 것보다
나가는 것이 무진장 많다

오십 대에 이르니
나가는 것도 들어오는 것도
관심 밖으로 밀려난다

육십 대에 이르러
내게도 사랑 통장이 있었던가
그런 것이 있었던가

기억 저편에
아지랑이가 인다
—「사랑 출납부 통장」 전문

「먼 훗날」은 사랑하는 사람에게 들려줄 수 있는 순도 높은 순정의 고백이다. 오래오래 변치 않고 사랑할 수 있는 방법이다. 어떤 사람을 만나느냐보다는 어떻게 사랑하느냐의 문제임이 분명해진다. "먼 훗날/ 내가 당신 곁"을 먼저 떠나 "미치도록 보고 싶을 때가 오면/ 가만히 눈을 감아"보라고 속삭인다. 그러면 "늘 곁에 있었"던 "당신을/ 사랑했던 한 남자가" 그대 "맑은 눈 속에/ 깊이깊이 정들여 새겨놓은/ 사랑이 있"을 거라 말한다.

그래서 시인의 유일한 자산도 "사랑 통장"이다. 20대에서 60대까지 사랑에 대한 개념과 인상을 시인 나름의 경험으로 발견해내고 있다. "차곡차곡" 쌓기도 하고, "들어오는 것보다/ 나가는 것이" 많을 때가 있는가 하면, "나가는 것도 들어오는 것도/ 관심 밖으로 밀려"나기도 한다. 시 「사랑 출납부 통장」은 사랑학 개론이다. 사랑에 취하고 술에 취하고, "가로등 불빛 아래/ 그림자"(「흔들흔들」) 되어 비틀대며 걸어가는 시인의 모습에서 줘도 줘도 퍼내도 퍼내도 끝이 없는 그 사랑을 엿보게 된다.

공감한다. 매년 친구를 하나씩 산에다 버리는 나이에도 그녀를 위해 우산을 펴기도 만들기도 하면서 그녀 곁에 있는 한 시인은 늘 청년일 수밖에 없다. "달빛이/ 소록소록 내리는 깊은 밤/ 그대 그리운 마음 한 자락/ 보자기에 고이 싸두었다가// 햇살 따스히게 쏟아지는/ 향기 짙은 날// 그대 오시는 발길마다/ 한 겹 한 겹 풀어"(「깊은 사랑」)놓는 시인이다. 황진이의 그리움을 만나는 듯 시인의 그리움은 간절하고 섬세하다.

그대 가슴에
아무도 모르게

내 마음 하나 살포시 얹어놓았지요
누가 볼까 봐 얼른 덮었는데
혹시 그대는 눈치챘나요
그래도 아무에게도 말하지 마세요
지금은 비밀이에요
멀지 않은 날에
그대 가슴속에 숨겨놓은
내 마음이 점점 커지면
꽃도 피고 열매도 맺고
저 하늘 끝에 닿으면
그때는 자랑삼아 온 세상에 말할래요
사랑한다고
–「사랑한다고」 전문

시인은 예순을 훌쩍 넘긴 나이지만 향수에 젖어 사는, 이웃집 소녀의 "봉긋한 가슴"(「복숭아꽃 가시내」)을 궁금해하던 사춘기의 소년 혹은 청년이다. "그대 가슴에/ 아무도 모르게/ 내 마음 하나 살포시 얹어놓"는 여성적 섬세함도 그렇지만 그대 가슴에 올려둔 '그 마음'이 꽃 피고 열매 맺으면 온 세상에 사랑한다고 외치겠다는 남성성이 함께 미적 감흥으로 안내한다.

사랑이란 그 무엇으로도 대체할 수 없는 존재의 다른 이름이란 걸 깨우치면서 시인은 사랑 앞에 꼼짝할 수가 없다. "비가 와도 눈이 와도/ 바람이 불어도"(「가슴속에 달아놓은 풍경」) 그대 가슴에 풍경 매달아 추억을 되새기고, "철새 된 사랑"(「철새 된 사랑」)을 그리워한다. 그녀가 주연이라면 시인은 늘 조연이다. 그녀만을 생각하면 "풍선처럼 부풀어/ 무지개 위로 떠"(「그녀를 만났다」)올라도 시인의 사랑은 결코 통속적이지 않다. 그만큼 순수하기 때문이다.

그의 사랑은 긍정적이면서 따뜻한 삶의 전환을 위한 하나의 수단이 된다. 그래서 그의 시는 거창한 깨달음보다는 잔잔하면서 여운이 감도는 일상을 관계 짓는 자리에서 태어난다. 어떻게 보면 낯익은 것들을 서로 관계 지어 낯설게 하는 것이다. 서로 독립적으로 떨어져 있는 낯익은 의미를 관계 지어 각각 다른 의미의 존재로 거듭나게 한다.

그의 사소한 것에 대한 관심과 사랑은 대상을 새롭게 보는 힘의 시작이다. 『대학』에서는 제대로 보고 제대로 들을 때 새로운 것이 보인다心不在焉 視而不見 聽而不聞 食而不知其味고 일상의 이야기를 시청하지 말고 견문하라고 주문한다. '시청'이 모두가 보는 것을 보는 것이라면 '견문'은 아무도 생각하지 못하는 것을 생각하는 것이기 때문이다.

당신을 처음 보았을 때
길가에 핀 조그만 풀꽃이었지요
나는 한 방울 이슬 되어
당신에게 기대고 싶었지요
조금씩 아주 조금씩
당신 몸에 스며들어
영원히 시들지 않게 하고 싶었지요

차가워지는 이슬이
서리로 변해갈 때

당신도 삐쩍 말라
고개를 떨구는군요
다음 생에는 당신이 이슬이 되고
나는 꽃이 되어
못다 한 사랑 다시 시작해요

사랑해요
—「풀꽃 사랑」 전문

풀꽃의 사랑법이 낯설다. 아마도 시인에게 다가온 풀꽃은 늦가을이거나 '피는 꽃'이 아니라 '지는 꽃'일 것 같다. 그렇지만 실망하지 않고 다시 내일을 기약하는 긍정의 사랑으로 만난다. 이 시 또한 풀꽃을 제대로 보고 제대로 들은 결과다. 누군가에게 기대고 싶을 때가 있다. 누군가를 사랑한다고 부르짖고 싶을 때가 있다. 좋은 상상력은 의외로 평범하고 낯익은 일상에서 만나는 것들에 대한 발상의 전환에서 비롯된다. 시 창작은 대상과 현상의 의미를 다시 읽는 일이면서, 그러기 위해서 가만히 들여다보면서 삶의 풍경이 되도록 대상과 대상의 관계 짓기를 하는 일이다.

인간애, 따뜻한 삶의 자리

박각순 시의 첫인상은 인간과 사랑에 대한 무한한 신뢰에서 나오는 따뜻한 인간애다. 좋은 글씨란 형태가 아름다운 글씨가 아니라, 글씨 쓰는 사람의 의지가 획 속에 들어 있는 글씨라고 한다. 시도 마찬가지다. 시인의 인간애가 고스란히 시 속에 안겨 있기 마련이다.

하룻밤이 지나
동생 가족은
집 안 정겨움을 싹 쓸어 담아 떠났다
혹시나 하고 둘러봐도
차고 넘치던 것이 고요 속에 묻혀 있다

"나 여기 있소"
빈 술병 하나만 손짓을 한다
—「빈자리」 부분

혹시나 하면서 동생 가족이 떠난 빈자리를 돌아보니 "차고 넘치던" 자리가 "고요 속에 묻혀 있다". 덩그러니 남아 있는 "빈 술병"에서 외로움이 묻어난다. 혼자 있을 때와 외로울 때는 다르다고 한다. 이 시는 혼자 있는 것과 외로움이 어떻게 다른지를 이야기한다. 외로움은 상실감을 내포한다. 만남이 소원해졌을 때, 사랑하는 연인에게 이별을 통보받았을 때 외롭다. 혼자 있을 때는 자신과 대화를 하지만 외로울 때는 자신을 전혀 돌아보지 못한다. 비어 있어 외로운 것이 아니라, 떠나서 외로운 것이다.

어머니 살아생전 내 손으로
따뜻하게 밥 한 숟갈 떠먹여 준 적이 있었던가
떠나가신 지난 이십여 년간
가슴에 뭉쳐진 덩어리 꺼내어

눈물 요리 만들어 밥상에 올리는 못난 나
술잔에 눈물로 간을 친다
-「가슴 깊이 뭉쳐진 덩어리」 부분

시인은 가슴 깊이 뭉쳐진 못다 한 효도 때문에 눈물을 흘린다. "눈물로 간을" 치고 순정으로 가슴에 응어리 진 한을 꺼내 "눈물 요리"를 만들어 밥상에 올린다. 어머니를 생각하는 최상의 밥상이 아닐까 싶다.

제일병원에서 입원 절차를 밟으며
집으로 전화해 전후 사정을 설명하니
아내가 저녁은 먹었냐 묻는다
아직이다 하니
집에 저녁을 차릴 테니 엄살 피우지 말고
와서 밥 먹으란다

병원에 있으면 못 볼 이 맛,
집에 와 소주 한 병을 반주로 마신다
-「소주 맛」 부분

소주보다 더 맛깔스러운 아내의 정담이 보약이 된다. 왜 걱정이 안 될까마는 엄살 피우지 말고 집에 와서 밥 먹으라는 아내의 넉넉한 말맛에 그만 교통사고의 후유증이 날아간다. 넉넉하고 여유로운 삶의 풍경에 미소가 번져온다. 이것이 시인의 모습이다. 낙천적이고 긍정적이고 순수하다.

봄기운이 살며시 일어서는
토요일 오후
어제저녁부터 계속 궂은비가 내린다
낙포동 회사 문을 나서는데
할머니 다섯 분이
무거운 배낭을 짊어지고
보따리를 머리에 이고
비를 맞으며 걸어간다

차를 세웠다
트렁크를 열고 바닥에 비닐을 깔고
할머니들의 무거운 고사리 배낭을 실었다
좌석에다 할머니들의 젖은 우산과
보자기를 깔았으나
이미 홀랑 젖은 몸이다

“우리가 오늘 부처님을 만났어라”
“하느님을 만났구먼”

그럴지도 모른다
그분들이 시키지 않았으면 그냥 지나쳤겠지
무선지구 주택가에 내려드리니
탈진한 할머니들 배낭을 들지 못한다
집집마다 택배를 마치니

온몸이 비에 젖어 으스스 한기가 든다
—「봄비 내리는 어느 날」 전문

봄비 내리는 토요일이다. 고사리 자루를 머리에 이고 비를 맞으며 걸어가는 할머니 다섯 분을 태워다 드리는 풍경 속에서 부처가 따로 없고 하느님이 따로 없다는 것을 넌지시 귀띔해준다. "우리가 오늘 부처님을 만났어라", "하느님을 만났구먼". 어떻게 살 것인가의 문제다. 부처의 마음으로 살면 부처가 되고 예수의 마음으로 살면 예수가 된다. 내 마음이 천당이고 내 마음이 지옥이다.

며칠 전 흥국사 팔상전에
향불도 피워놓지 못하고
경문을 낭송하여
부처님께 뜻을 가르쳐달라 했으나
네가 읽으며 깨우친 것이 다란다

이것이 뭔 말이냐
나는 소리 내어 읽은 것
그것이 전부인데

나는
부처님에게 많은 걸 원하고 받기를 바랐다
오늘은 내가 가슴속에 있는
귀한 것을 꺼내놓고 부처님에게
골라 가지든 전부 가지든 마음대로 하라 했다

팔상전을 나서는데 몸이 많이 가볍다
—「헐렁하다」 부분

그의 성격처럼 비우고 맑게 살고 싶어 하는 무소유의 미학을 보여준다. 법정 스님도 "행복의 비결은 필요한 것을 얼마나 많이 가지고 있느냐가 아니라 내가 불필요한 것으로부터 얼마만큼 자유로운가에 있다"라고 했다. 아무리 시주를 하고 절을 하고 빌어도 알 듯 말 듯 미소만 지으시는 부처님은 응답이 없으시다. 외려 부처님에게 가슴 보따리를 풀어놓고 마음대로 골라 가지시라 권하는 모습은 비우고 맑게 살고 싶은 시인의 역설이다. 욕심은 부리는 것이 아니라 버리는 것임을 아는 시인의 마음이 부처다. 「노을」에서 서산대사의 마지막 말씀을 읽고, 저물면서 비우는, 아름다운 "노년을 살아가는 지혜"를 배운다.

그리움, 자아 성찰의 밑자리

자아 성찰의 시점은 지금이고, 사랑의 흥과 신바람이 나는 시점은 봄이다. 시인의 마음속에는 온갖 얼굴의 시인이 살고 있고 지금 이 순간에 시인은 제임스 앙소르의 '가면 벗기'에 관심을 갖는다. 가면은 인간의 본성과 관련 있다. 시인이 가면을 벗는 이유는 시인 내면에 깊숙이 감추어져 있는 본성을 밖으로 드러내 주기 때문이다. 그래서 그의 시는 그의 마음속 얼굴을 그린 그림인 셈이다. 시인은 스스로를 용서하고 스스로를 사랑하라고, 그리하여 마음의 눈을 뜨라고 외친다. 마음의 눈으로 바라보는 세상이 얼마나 아름다우냐고 묻는다.(「마음의 눈」) 시인은 종종 "지쳐 쓰러질 것 같은 허수아비"(「어찌하라고」)로 등장한다. 그럼에도 "삭막한 들녘/ 허수아비 저고리 바람 빠지듯/ 소리 없는 흔들림"(「들녘」)에도 "지친 새 한 마리 어깨 위에 앉는" 봄을 확신한다. 그만큼 긍정적이고 낙천적이다. 시간 앞에서 무력해하지 않고 당당하려 한다.

슬픔을 말하지 마라
기쁨은 늘 슬픔 곁에 머물러 있다
눈가에 맺힌 물방울을 내려놔라
그러면 얼굴에 미소가 가득 퍼지리라
새로움에 도전하지 않는 사람을
사랑하지 않는다
기쁨을 모르고 사는 사람이다

두 눈 크게 뜨고 주변을 살펴봐라
지난번 것보다 새롭고 좋은 것이 널려 있다
취향대로 골라잡을 수 있다
지금 시작해라
―「지금이다」 전문

조용히 눈을 감고 돌아보면 "여기가 저기 같고/ 저기가 여기 같아/ 나만의 길을 개척하려 해도/ 실타래처럼 엉켜 있어/ 어떻게 풀어나갈지 안갯속이다"(「진화하는 상처」). 그렇지만 시인은 나름대로 소확행(소소하지만 확실한 행복)을 누린다. 그것은 마음을 비우고 큰 욕심을 버린 가운데 일상의 삶을 가만히 성찰하는 데서 얻는 기쁨이다. 슬픔 곁에 기쁨이 있고 눈물을 내려놓으면 미소가 있다는 것을 깨닫는 기쁨이다. 눈을 조금만 크게 뜨고 살펴보면 지난번 것보다 새롭고 좋은 것이 널려 있다는 소소한 발견의 기쁨이다. 그래서 지금인 것이다. 그래서 그는 "똥배짱으로 살아온"(「똥배」) 자신의 "똥배"를 사랑하고 "뼈마디가 부서지는" 관절염도 받아들일 줄 아는 것이다.

흔들리지 않는 것은
풀잎이 아니나
풀잎은 늘 흔들린다
흔들리며 서로 다정하게
이웃과 기대어 산다

아무도 건들지 않으면
새벽이슬 받아 이웃과 나눠 먹고
큰 나무 곁에 가지 않고
조그만 바람에도
제 몸 흔들어 춤을 추며
서로 엉켜 있는 뿌리들
부둥켜안고 빰을 비빈다
—「풀잎은 흔들린다」 전문

흔들리며 사는 것이 인생이다. 흔들리지 않는 것은 삶의 본질이 아니다. 흔들고 흔들리며 함께 기대어 사는 것이 우리 삶이다. 이 시는 '함께', '더불어'란 말을 굳이 들먹이지 않아도 어떻게 살아야 하는지를 알게 한다. 서로 부대끼며 살면 삶의 즐거움을 알게 된다. 우리 삶은 한 공간을 비워 양보하고 공유하면서 동시에 다른 쪽 공간은 자신만의 공간으로 각자의 특성대로 살아가도록 배려되어 있다. 너와 나의 우주가 함께 열릴 때 우리의 삶은 빛나고 건강해진다. 이것이 풀잎에서 구름에서 바람에서 꽃에서 세상을 보는 이치다. 그는 무위의 삶을 추구한다. 무위는 아무것도 하지 않는 것이 아니라 억지로 인위적인 조작을 하지 않고 도의 움직임에 자신의 행위를 순응하는 것이다. 이렇듯 그의 시는 편편마다 작지만 정겨운 삶에 대한 깨달음을 준다. 운명을 껴안고 행복을 받아들이는 안분지족安分知足의 깨달음이다.

나이 육십이 너머 붓대를 잡고
펜대를 흔들며
술잔을 쥐어짜지만
머릿속에 든 것이 돌밖에 없으니
언제나 나오는 건 개똥이다

입에 밴 소리가 개똥이고
하는 행동이 개인데

콩 심은 데 콩 나고
팥 심은 데 팥 난다

나는 개 팔자 상팔자다

—「개똥이나」 전문

스스로 "개 팔자 상팔자"라는 자조가 밴, "휘청휘청 걸어온 발길/ 그만/ 집 앞에서 더듬이를 접"(「비틀대다」)는 자기 성찰의 시다.

시를 쓰고 서예를 하고 그림을 그려도, 중절모를 쓰고 콧수염을 길러도 아무도 예술가로 봐주지 않는다는 푸념도 있다. "예술인이세요?"(「개폼」)라고 물어주는 그 한마디에 목말라 한다. 그래도 그가 들어선 길이 "슬픔과 절망의 길일지라도"(「너를 찾아」) "먼 곳 어딘가에/ 내가 사랑한 네가/ 기다리고 있을 것 같아" 그 길을 "헤쳐 나갈 것"이라 다짐한다.

가슴에 담으면 아픔이다(「마음」 전문)
쥐면 힘이고 펴면 보살이다(「주먹」 전문)

박각순 시인은 시를 쓰면서 자신을 재발견해간다. 시를 통해 다시 새롭게 젊어져 간다. 시 쓰기는 대상을 통해 나를 성찰하는 작업이기 때문이다. 시인은 나이 들어가며 그동안 몰랐던 자기 모습을 발견하고 변화해간다. 가슴속에 불덩이가 일면 큰소리로 뱉어내곤 하는 "수십 년째 못 고치는 버릇"(「늙은 호랑이」)도 이제는 아침이면 "사과할 내용을 더듬는" 모습으로 바뀌어가고 있다. 그러면서 "아직도 으르렁대는 것은/ 힘이 있다는 거"라고 자위하기도 한다.

한편으로 배가 고파 이것저것 닥치는 대로 입에 넣었지만 "배는 부르지 않고/ 알 수 없는 허기에/ 주린 배가 꼬르륵댄다"(「끝없는 길」)라고 고백한다. 살아 있는 그날까지 결코 죽을 수 없다고 억지도 부리면서도 조금은 헐렁하게 살고 싶어 한다.

초겨울 늦은 오후
하늘이 문을 반쯤 닫아 어둑하고
어쭙잖은 빗방울 몇 바람 속에 날린다

문 닫은 나뭇가지에 매달렸던 나뭇잎
빗방울에 그만 맥없이 나뒹군다
떨어져 여기저기 굴러다니며
깨끗하게 살았다고 큰소리친다
함께 있는 낙엽들 바라본다

떨어지면 낙엽 되는
배우지 못한 만학도
—「을씨년스러운 날」 전문

"떨어지면 낙엽 되는/ 배우지 못한 만학도"는 자아 성찰의 결과다. 늦었지만 배움이 무엇인가에 대한 깨달음이다. 시인은 살아가면서 순간순간에 만나는 깨달음이야말로 참공부라고 믿는다. 그래서 지금 사는 것이 즐거울 수밖에 없다. 떨어지는 나뭇잎에서도, 꽃이 피고 바람 부는 소리에서도, 사람과 사람의 만남 속에서도 깨달음을 얻는다. 그 작은 깨달음이 시가 되어 존재론적 성찰의 근거가 되어준다. 시 공부는 세상을 공부하는 일이다.

개나리가 봄소식을 듣고
줄기마다 노란 꽃을 달아놓았다

자정이 넘어 새벽으로 가는 지금
새삼스레 가슴이 설레고
가슴에 묻어둔 발효되지 않은 추억들이
꽃향기 맡고 스멀스멀 기어 나온다
이미 돌아가기엔
너무 멀리 왔는데

비단으로 감싼 듯한 너의 손을 잡았을 때
눈앞은 무시개인 듯
가물가물
마음은 두둥실 떠올라 꿈인 듯했지
—「봄이다」 부분

시인은 봄이 오면 뒤를 돌아보는 습관이 생겼다. “이미 돌아가기엔/ 너무 멀리 왔”음을 느끼면서 시작할 때의 그 마음을 가다듬고자 한다. 가슴으로 설레면서 발효되지 못한 추억들도 되새김질한다. 시인의 봄은 눈 맑고 착한 초심인 것이다. 나도 모르게 처음의 모습에서 훌쩍 떠나왔다고 느껴질 때 다시 봄을 생각한다. 온 세상에 봄빛이 선명하고 꽃향기 스멀스멀 올라오는 봄이 되면 시인의 따뜻한 봄의 가슴을 만날 수 있다. 그래서 시인의 언어 부림 또한 수사적인 꾸밈 없이 있는 그대로의 모습이다. 시 속에서 시인이 말하는 화법에도 마음이 고여 있다. 다 말하지 않으면서 할 말을 다 하는, 스스로 깨닫게 해주는 화법이다. 시적 언어가 따로 있는 것이 아니다. 자칫 메타포의 오류에 얼룩진 언어를 시어라고 착각하는 경우가 있지만 그것은 결코 살아 있는 언어가 아니다. 시어로서 생명을 가지려면 일상적인 의미를 재발견한 언어라야 한다.

비가 와도 눈이 와도
바람이 불어도
가슴에 매달린 풍경
뎅그렁뎅그렁

풍경 소리에 놀라
두 눈 크게 떠보지만
보이는 건 아스라이 스치는
추억의 그림자

저 먼 곳 어딘가로 풍경 흔들어
맑은 메아리 날려 보내건만
새들이 달려들어 다 주워 먹고
허공에 구름만 흐르네

녹슬어 가는 풍경 떨어지기 전
네가 한번 울려주려무나
–「가슴속에 달아놓은 풍경」 전문

시인의 삶은 소박함과 자유로움이다. 소박하지 않으면 자유로울 수 없다. 마음이 굳어 있으면 보고 있어도 보이지 않는다. 상상력이나 창의력은 의외로 평범한 일상, 낯익은 자유로운 관찰에서 나온다. 문제는 어떻게 다르게 볼 것인가이고, 다르게 본다는 것은 개념을 다르게 읽는다는 의미이기도 하다. 모든 개념, 의미는 시적 상황에 따라 달라지기 때문이다. 시 창작은 대상, 현상을 새롭게 이해하는 일이며 새롭게 풀어내는 일이다. 일상적인 관념을 그대로 읽는 것은 상투성이지만 그것을 다르게 읽는 것은 창의력이다. 화법이 다르면 문장이 달라지고 문장이 달라지면 의미도 달라진다. 인간의 본성은 언어에 의해 창조된다는 말이 있다. 또한 인간의 고통은 그 언어 속에서 이해되고 용해된다고 했다. 시인은 인간의 삶을 보듬어 위안이 되어주고, 삶의 새로운 방향을 일상 속에서 눈 맑게 탐색해낸다.

『논어』에서는 사무사思無邪, 즉 시를 대할 때 정직, 솔직하라고 한다. 이것이 작은 깨달음의 눈을 뜨는 밑자리가 된다. 시를 통해 사랑을 온전하게 느끼길 바라는 마음, 사람들이 서로 잘 통했으면 하는 마음, 잃어버린 자신을 찾았으면 하는 마음이다.

박각순 시인은 계산되지 않은 순수한 마음으로 세상을 있는 그대로 바라보고 자신의 삶을 가만가만 성찰해간다. 그러면서 일상 속의 소소한 행복을 깨우쳐 우리로 하여금 즐겁고 행복한 곳으로 안내해준다.

여유가 있어 여백의 미가 돋보이는 시인, 순수하고 맑이 자연을 닮은 시인, 무엇을 가질 것인지를 고민하지 않고 무엇을 비우고 버릴 것인가를 고민하는 시인, 가만히 마음의 깃을 가지런하게 잡아주는 시인, 이것이 있는 그대로의 박각순 시인이다.

| 헌시 |

정미경 화백

마음속과 머릿속을 다 보태도
손끝으로 나오는 것은 언제나 다르다
마음과 머리와 손이 하나로 묶여 있어도
필요에 따라 같지 않으니
미술은 참으로 어렵다

1시집부터 5시집에 이르기까지
인연이 있어 함께하면서
끊임없이 커져가는 화백을 보면
신비에 가려진 예술인이다

신문과 방송을 넘나들며
시간을 초월해 펼쳐내는 작품을 보면
인간이 할 수 있는 극한까지 가는 것 같다
본 시집에 실린 작품도
최고상을 받은 작품이다

박각순

충남 천안 출생.
여수 석유화학단지 내 정년퇴임.
전남대 평생교육원 문예창작 과정 수료.
2012년《문학춘추》시로 등단.
문학춘추작가회 회원. 전국문인회 여수지회 회원. 전남문인협회 회원. 여문돌 동인.
시집『향기 속으로』『꿈속으로』『당신 곁으로』『내 곁으로』.

마음속으로

—

초판 1쇄 2019년 2월 8일
지은이 박각순
펴낸이 김영재
펴낸곳 책만드는집

—

주소 서울 마포구 양화로3길 99 4층 (04022)
전화 3142-1585 · 6
팩스 336-8908
전자우편 chaekjip@naver.com
출판등록 1994년 1월 13일 제10-927호

—

ISBN 978-89-7944-675-3 (03810)